HALT
POLIZEI
HALT
POLIZEI

Alexandra Fischer-Hunold

Silbengeschichten zum Lesenlernen

Polizeigeschichten

Illustriert von Katharina Wieker

Loewe

Ihre Meinung zählt!

Nehmen Sie jetzt an einer kurzen Elternbefragung des Loewe Verlags teil und beeinflussen Sie die zukünftige Entwicklung unserer Kinderbücher:

www.elternbefragung.online

FSC
www.fsc.org
MIX
Papier aus verantwortungsvollen Quellen
FSC® C015559

Klimaneutral Druckprodukt
ClimatePartner.com/18521-2202-1001

ISBN 978-3-7855-8977-9
Überarbeitete Neuausgabe
5. Auflage 2023

Umschlag- und Innenillustrationen: Katharina Wieker
Umschlaggestaltung: Michael Dietrich
Printed in the EU

www.loewe-verlag.de

Inhalt

OLIZEI

Einsatz für Kati

„Wir fahren Kati zur Schule“,
sagt Katis Mama
zu dem Polizisten
am Steuer des Streifenwagens.
Olaf nickt.
Und Kati krabbelt schnell
auf die Rückbank.

Katis Mama ist Polizistin
und Olaf ist ihr Kollege.
Nach wenigen Metern
stauen sich die Autos.
„Ein Auffahrunfall!“,
seufzt Katis Mama.
Die Polizisten steigen aus.
Sofort klettert Kati nach vorn
und spielt Polizeieinsatz.

Sie kurbelt am Lenkrad.
Sie dreht den Knopf
am Funkgerät.
Da flüstert plötzlich ein Mann:
„Habt ihr das Geld?“
Kati starrt das Funkgerät an.
„Gleich ist der Tresor offen!“,
antwortet ein anderer Mann.

„Ich warte in einem roten VW
gleich gegenüber der Bank
in der Rosenstraße“,
sagt der erste Mann.
„Beeilt euch!“
Das denkt sich Kati auch.
Sie springt aus dem Wagen.

„Mama, Olaf,
die Bank in der Rosenstraße
wird gerade ausgeraubt!“
„Du erzählst
doch keine Geschichten?“,
fragt Katis Mama.
„Bestimmt nicht!“,
erwidert Kati empört.

„Ihre Papiere!“,
sagt Olaf schnell
und gibt die Führerscheine
an die Unfallbeteiligten zurück.
„Den Rest regeln die Versicherungen.
Gute Fahrt!“
Die beiden Polizisten und Kati
springen in den Streifenwagen.
Olaf wendet und gibt Vollgas.

„Da, der rote VW!“, ruft Kati,
als sie in die Rosenstraße einbiegen.
Wenig später ist der Mann
in dem roten VW verhaftet.
Die anderen Bankräuber
wundern sich sehr,
als vor der Tür
die Polizei auf sie wartet.

„Prima gemacht, Kati!“,
lobt Olaf.
„Zur Belohnung bekomme ich
heute schulfrei, ja?“, grinst Kati.
„So siehst du aus!“,
lacht Katis Mama
und fährt sie zur Schule.

Toni vor, noch ein Tor!

Kräftig tritt Toni in die Pedale.
In einer halben Stunde
ist Anpfiff.
Dann hat seine Mannschaft
das wichtigste Spiel des Jahres.
Und er ist Stürmer.

Wie ein Blitz jagt Toni
um die nächste Kurve.
Da läuft ihm eine Katze
vor das Rad.
Toni bremst scharf ab.
Es kracht.
Der Katze ist nichts passiert,
aber Tonis Kette ist gerissen.

„Verdammter Mist!“,
schimpft Toni.
Ihm ist zum Heulen zumute.
„Hast du dich verletzt?“,
fragt ihn plötzlich jemand.
Toni schaut auf.
Neben ihm steht
ein Polizeimotorrad.

„Meine Kette ist gerissen!“,
schnieft er.
„Dabei hab ich gleich
ein superwichtiges Fußballspiel.
Ich bin Stürmer!“
Der Polizist reicht Toni
einen Motorradhelm.
„Steig auf!“
Toni macht große Augen.

Die zwei brausen
in Richtung Stadion.
Auf die Sekunde
erreichen sie das Eingangstor.
„Schieß ein Tor für mich!“,
ruft der Polizist ihm hinterher.
„Mach ich!“,
verspricht Toni.
„Vielleicht sogar zwei!“

Tante Lulu

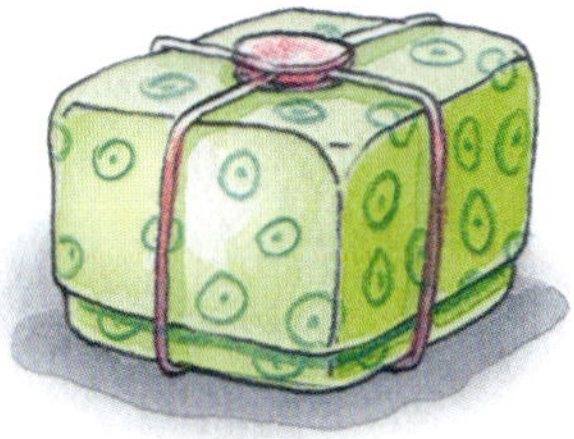

„Tante Lulu!“, rief Maike
und riss die Haustür auf.
Vor ihr stand ihre Tante.
Den Hut schief auf dem Kopf,
einen gepunkteten Schal
zu einer gestreiften Bluse
und wie immer
zwei unterschiedliche Schuhe
an den Füßen.

Tante Lulu umarmte
ihr Patenkind herzlich.
Dann kramte sie
in ihrer großen Handtasche.
„Ich habe ein Geschenk!“
Maike schaute erwartungsvoll.
„Das Päckchen ist weg!“,
sagte Tante Lulu schließlich.

Ihre Augen wurden schmal.
„Ich will sofort zur Polizei.
Anzeige gegen den Jungen erstatten,
der im Zug
neben mir gesessen hat!“
Maike zog die Stirn kraus.
„Wieso das denn?“
„Er muss es gestohlen haben!“,
meinte Tante Lulu.

Maike seufzte.

„Bevor du zur Polizei gehst,
spiele ich jetzt mal Polizist:
Wann haben Sie
das Geschenk zuletzt gesehen?“
„Zu Hause, als ich es
in die Tasche gesteckt habe!“,
antwortete Tante Lulu.

„Danach haben Sie es
nicht mehr herausgenommen?“
„Neei ... doch!“
Tante Lulu strahlte.
„Als ich es
dem Taxifahrer gezeigt habe.
Und danach habe ich es ...
in die Manteltasche gesteckt!“
Tante Lulu zog eine Schachtel
aus der Manteltasche.

„Stell dir mal vor,
du wärst wirklich
zur Polizei gegangen!“,
sagte Maike.
„Wie peinlich!“,
hauchte Tante Lulu
und wurde so rot
wie eine Tomate.

Geblitzt!

„Wollen wir heute Nachmittag
wieder skaten?“,
fragt Foelke ihre Freunde
Maja, Lars und Michael.
„Ich darf nicht mehr
auf unserer Straße spielen“,
erklärt Lars traurig.
„Meine Mama meint,
es ist zu gefährlich geworden,
seit Herr Rasch hier wohnt.“

„Mein Papa hat ihm gesagt,
dass wir
in einer Spielstraße wohnen
und dass er hier
nur Schritttempo fahren darf“,
berichtet Maja.
„Aber er hat nur geantwortet,
dass ihm das egal ist!“

„Jetzt reicht es!“,
ruft Michael stinksauer.
„Wir holen uns Hilfe!“
Er rennt auf das Schild
mit der Aufschrift „Polizei“ zu.
Hier arbeitet Herr Claasen.
Michael kennt ihn schon
seit dem Kindergarten.
Er wird ihnen helfen!

Später stehen Michael, Maja,
Foelke und Lars gut versteckt
hinter einem Gebüsch.
Herr Claasen ist bei ihnen
und neben ihm
steht ein Blitzgerät.
„Gleich kommt er!“,
sagt Michael.
Herr Claasen nickt.
„Dann wollen wir mal sehen,
ob ihr recht habt!“, sagt er.

Da prescht ein rotes Auto
in die Spielstraße.
„Fünfzig Stundenkilometer!“,
ruft Herr Claasen entsetzt,
als er die Geschwindigkeit
von dem Gerät abliest.
Sofort zückt er die Kelle
und winkt den Wagen
an den Straßenrand.
„Was ist denn los?“,
knurrt Herr Rasch.

„Sie geben mir mal ganz rasch
Ihren Führerschein!“,
sagt Herr Claasen streng
und die Freunde jubeln.
„Den sind Sie nämlich los!
Das hier ist eine Spielstraße
und keine Rennstrecke.“

Der Rosendieb

Kopfschüttelnd kam Mama
auf die Terrasse.
„Wenn ich den erwische!“,
drohte sie.
„Wen?“, fragte Papa.
„Den, der jeden Tag
eine meiner Rosen klaut!“,
antwortete Mama.

Da räusperte sich Opa
und stand
vom Frühstückstisch auf.
„Ich habe eine Verabredung
und muss mich
noch frisch machen!"
„Wozu bin ich Polizist!",
sagte Papa zu mir
und faltete die Zeitung.
„Du und ich
werden Mamas Rosendieb
das Handwerk legen!"

Super Sache!

Papa und ich auf Verbrecherjagd!

Wir wickelten

eine durchsichtige Schnur

um jede einzelne Rose.

Und an dieser Schnur

befestigten wir ein Glöckchen.

Dann legten wir uns

gemeinsam auf die Lauer.

Plötzlich bimmelte
das Glöckchen Alarm!
„Vater!“, rief mein Papa entsetzt.
Da stand tatsächlich mein Opa
mit der Rosenschere
und hielt eine von Mamas Rosen
in der Hand.

Opa lief knallrot an.
„Meine neue Freundin,
Fräulein Meyer, liebt Rosen!“,
entschuldigte er sich.
„Und da soll sie doch
die schönsten haben, die es gibt!“
„Du hättest auch fragen können,
Vater!“, sagte Papa.
Und Opa nickte. „Das nächste Mal
frage ich bestimmt!“

Alarm!

Es war ein richtig heißer Tag.
Dackel Pepe konnte
nur noch matt hecheln.
„Du würdest dich sicher
gerne abkühlen“,
meinte Janina verständnisvoll.
Pepe bellte
und schaute sehnsüchtig
auf den großen Fluss.

Aber Nick schüttelte den Kopf.
„Nein, Pepe,
in den Rhein darfst du nicht.
Der hat eine
viel zu gefährliche Strömung.
Die ist le-bens-ge-fähr-lich!
Wenn wir wieder
zu Hause sind,
dusche ich dich
mit dem Gartenschlauch ab.
Versprochen!“

Doch Pepe wollte nicht warten.
Janina und Nick passten
nur kurz nicht auf
und schon war Pepe im Wasser.
„Pepe, komm zurück!“,
kreischte Janina.
„Komm aus dem Wasser!“,
versuchte es Nick.
Doch Pepe hörte nicht.

„Pepe, hierher!“,
brüllten sie im Chor.
Da endlich machte
der Dackel kehrt.
Er versuchte, an Land zu kommen.
Doch er schaffte es nicht.
Die Strömung riss ihn mit sich.

Janina heulte verzweifelt:
„Er kommt nicht mehr raus!“
Sofort zückte Nick sein Handy
und tippte die 110 ein.
„Pepe!“, jammerte Janina,
während sie am Ufer
neben ihrem Hund herlief.

Eine Sirene ertönte.

Ein Boot

der Wasserschutzpolizei Köln

jagte über den Rhein.

Bald hatte es Pepe erreicht.

Ein Polizist zog Pepe

aus dem kalten Wasser.

„Gut, dass ihr
die Polizei gerufen habt
und nicht selbst versucht habt,
euren Hund zu retten.
Das wäre böse ausgegangen!“,
sagte der Polizist.
„Der Rhein ist kein Schwimmbad,
weder für Menschen
noch für Tiere!“

Im Zoo

Die Klasse 2b strömte in den Zoo.
Heute war Ausflugstag!
„Schau mal!“,
sagte Nina zu Paula.
„Ich hab Papas
neue Kamera mit.“
„Wie cool!“, rief Fabian.
„Mach mal ein Foto!“

Fabian nahm einen Bronzelöwen
in den Arm
und lächelte in die Kamera.
Klick!
Nina fotografierte Paula
vor den Seehunden,
den Eisbären beim Tauchen
und ein Elefantenbaby.
Dann war es Zeit
für die Frühstückspause.

Nina legte die Kamera
neben sich auf den Tisch.
Da stolperte ein Mann
die Stufen zur Picknickecke herauf.
Im letzten Moment konnte er sich
an Ninas Tisch festhalten.
„Tschuldigung!“, sagte er
und ging eilig davon.

„Die Kamera ist weg!“,
rief Nina plötzlich.
„Der Mann muss sie
gestohlen haben!“,
brüllte Fabian.
„Alle Mann hinterher!“
Die Kinder stürmten
hinter dem Mann her.

„Da vorne steht ein Polizist!“,
keuchte Paula
und rief nach ihm,
während die anderen
den Mann umzingelten.
„Was ist denn hier los?“,
fragte der Polizist.
„Dieser Mann hat wahrscheinlich
meine Fotokamera gestohlen!“,
sagte Nina.

„Das ist mein Apparat!“,
behauptete der Mann.
Der Polizist dachte
einen Moment lang nach.
Dann nahm er die Kamera an sich.
„Welche Fotos sind denn
in der Kamera gespeichert?“,
fragte er.

Der Mann guckte erschrocken.
„Eins von Fabian
und dem Bronzelöwen,
Paula bei den Seehunden,
ein Eisbär beim Tauchen“,
begann Nina aufzuzählen.
Der Polizist nickte.
Dann packte er sich
den Mann und sagte:
„Überführt!“

Dem Täter auf der Spur

„Licht aus! Schlafenszeit!“,
ruft Uwe, der Gruppenleiter.
Die Jungs kriechen
in ihre Zelte.
„Ich bin gar nicht müde!“,
motzt Leon.
„Frag mich mal!“,
pflichtet ihm Chris bei.

Auf die Ellenbogen gestützt,
schauen die beiden
in die Nacht hinaus.
Alles ist still.
Doch dann ...
„Hörst du das?“,
fragt Chris.
Äste knacken,
mehrere Stimmen flüstern.

Und jetzt sehen die Jungs sie.
Männer in dunklen Anzügen
schleichen um die Zelte.
„Die sind bewaffnet!“,
wispert Leon.
„Ein Hund!“, flüstert Chris.
Der Hund hat seine Nase
auf den Boden geheftet
und schnüffelt.

Er führt die Männer zu dem Kiosk,
der sich am See befindet.
„Polizei!“,
ruft eine Stimme in die Nacht.
„Kommen Sie
mit erhobenen Händen heraus.
Wir wissen, dass Sie
und Ihre geschmuggelten Zigaretten
da drinnen sind!“

Leon und Chris schaudern.

„Wahnsinn!“, haucht Chris.

Jetzt öffnet sich die Tür

und zwei Männer

treten mit erhobenen Händen

nach draußen.

Wenige Sekunden später
ist der ganze Spuk vorbei.
Nur Uwe hat mal wieder
nichts richtig mitbekommen.
„Wer brüllt hier so herum?
Schlafen, hab ich gesagt!“,
ruft er.

Mit der Lektüre von Mary Poppins begann für **Alexandra Fischer-Hunold** die Liebe zu Büchern. Folgerichtig studierte sie später deutsche und englische Literatur. Seitdem liest sie nicht nur, sondern schreibt auch erfolgreich Vorlesegeschichten und Kinderbücher.

Katharina Wieker hat schon brömpfhundertwümpfzig Kinderbücher geschrieben und illustriert und ihr fällt immer noch etwas Neues ein. Sie lebt mit ihrer Familie in Berlin.

Mit bunten Silben lesen lernen

Viele spannende und schöne Geschichten zu beliebten Themen erleichtern Ihrem Kind den Start in die Welt der Buchstaben. Die große, gut lesbare und bunte Schulbuchschrift macht Spaß und führt rasch zum ersten Leseerfolg!

In diesem Band sind alle Wörter in farbig markierte Buchstabengruppen, die Sprechsilben, unterteilt. So sind sie für Erstleser einfacher und schneller zu erfassen. Schon Vorschulkinder teilen ein Wort beim Sprechen intuitiv in Silben auf. Durch die farbigen Markierungen der Silben ist es für Kinder viel leichter, die richtige Einteilung auch in geschriebenen Wörtern zu erkennen und den Sinn der Wörter zu begreifen. Auf diese Weise lernen sie schnell, flüssig und fehlerfrei zu lesen.

Zahlreiche bunte Bilder sorgen zusätzlich für Abwechslung und ermöglichen kleine Pausen. Die klare Zuordnung der Bilder zum Geschehen in den Geschichten unterstützt das Textverständnis. So kommen auch weniger geübte Leser schnell zu einem Erfolgserlebnis und Lesen wird zum Kinderspiel!

Noch mehr Silbengeschichten zum Lesenlernen

ISBN 978-3-7432-0915-2

ISBN 978-3-7432-0914-5

ISBN 978-3-7432-1292-3

ISBN 978-3-7432-1397-5

Loewe
Das will ich lesen!

HALT
POLIZEI
HALT
POLIZEI